BEI GRIN MACHT SICH IHR
WISSEN BEZAHLT

- Wir veröffentlichen Ihre Hausarbeit,
  Bachelor- und Masterarbeit

- Ihr eigenes eBook und Buch -
  weltweit in allen wichtigen Shops

- Verdienen Sie an jedem Verkauf

Jetzt bei www.GRIN.com hochladen
und kostenlos publizieren

Bibliografische Information der Deutschen Nationalbibliothek:

Die Deutsche Bibliothek verzeichnet diese Publikation in der Deutschen National-
bibliografie; detaillierte bibliografische Daten sind im Internet über http://dnb.d-
nb.de/ abrufbar.

Impressum:

Copyright © 2015 GRIN Verlag, Open Publishing GmbH
Druck und Bindung: Books on Demand GmbH, Norderstedt Germany
ISBN: 9783668355316

Dieses Buch bei GRIN:

http://www.grin.com/de/e-book/345590/eine-textlinguistische-untersuchung-
moderner-kochrezepte

Lisa Gutman

Eine textlinguistische Untersuchung moderner Kochrezepte

GRIN Verlag

GRIN - Your knowledge has value

Der GRIN Verlag publiziert seit 1998 wissenschaftliche Arbeiten von Studenten, Hochschullehrern und anderen Akademikern als eBook und gedrucktes Buch. Die Verlagswebsite www.grin.com ist die ideale Plattform zur Veröffentlichung von Hausarbeiten, Abschlussarbeiten, wissenschaftlichen Aufsätzen, Dissertationen und Fachbüchern.

Besuchen Sie uns im Internet:

http://www.grin.com/

http://www.facebook.com/grincom

http://www.twitter.com/grin_com

Ernst-Moritz-Arndt-Universität Greifswald

Fakultät:	Philosophische Fakultät
Institut:	Deutsche Philologie
Arbeitsbereich:	Germanistische Sprachwissenschaft
Modul:	Sprachwissenschaft Text/Semantik
Seminar:	Textsorten und ihre Beziehungen in Print- und Onlinemedien
Semester:	Wintersemester 2014/2015

Hausarbeit

Eine textlinguistische Untersuchung moderner Kochrezepte

vorgelegt durch:

Lisa Gutman

Germanistik/Skandinavistik
6. Fachsemester

Inhalt

1 Einleitung

Im Rahmen des Textlinguistik-Seminars kam immer wieder die Frage auf, ob es sich bei bestimmten Textexemplaren überhaupt um Texte handelt und wenn ja, dann um welchen Textmustern oder –sorten sich diese zuordnen lassen würden. Kochrezepte bieten sich meiner Meinung nach in diesem Zusammenhang hervorragend als Forschungsgegenstand an, da sie zwar zweifelsfrei und oft auf den ersten Blick als Text und als Textmuster eingeordnet werden können, meist aber nicht erklärt werden kann, warum dies so ist. In dieser Arbeit werde ich zeigen, dass es sich bei Kochrezepten um eine stark normierte, konventionell recht starre Form der Textmuster handelt.

Dabei betrachte ich nur die im mitteleuropäischen Kulturkreis üblichen Vorstellungen und Darstellungen von Kochrezepten, sowie nur Textexemplare aus dem aktuellen Zeitraum, genauer aus den Jahren 2011 und 2012. Eine historische Übersicht wäre interessant, würde aber den Rahmen dieser Arbeit sprengen.

Den Korpus, den ich untersuchen werde, bildet eins der meistverkauften[1] Kochbücher der letzten Jahre, das *Vegetarisch! Das goldene von GU. Rezepte zum Glänzen und Genießen.*, sowie unterstützend *Vegetarisch für Faule*[2]. Diese beiden Werke habe ich aufgrund ihrer Popularität ausgewählt und da zumindest ersteres ein umfassendes Werk darstellt, das die früher üblichen Schulkochbücher in ihrer Bedeutung abgelöst hat.[3]

Vegetarisch ist hier also nicht unbedingt einschränkend zu verstehen, sondern als moderne Alternative zur klassischen, in den 1960er Jahren propagierte Hausmannskost. Dies spiegelt sich auch in der Aufteilung des Buches *Vegetarisch für Faule* wider, welches ein Kapitel sogar explizit mit „Hausmannskost"[4] betitelt.

---

[1] http://www.amazon.de/Vegetarisch-Das-Goldene-von-GU/dp/3833822015/ref=sr_1_1?ie=UTF8&qid=1427444397&sr=8-1&keywords=3833822015: „Amazon Bestseller-Rang: Nr. 409 in Bücher; Nr. 4 in Bücher > Kochen & Genießen > Vegetarische & vegane Küche"; Stand 14.03.2015.
[2] http://www.amazon.de/Vegetarisch-f%C3%BCr-Faule-GU-Themenkochbuch/dp/3833826274/ref=sr_1_2?ie=UTF8&qid=1427444557&sr=8-2&keywords=vegetarisch. „Amazon Bestseller-Rang: Nr. 1.025 in Bücher, Nr. 14 in Bücher > Kochen & Genießen > Vegetarische & vegane Küche"; Stand 14.03.2015.
[3] Vgl. http://www.amazon.de/Oetker-Schulkochbuch-Elektroherd-Nachdruck-Originalausgabe/dp/B008IY9254/ref=sr_1_1?ie=UTF8&qid=1427444765&sr=8-1&keywords=schulkochbuch+dr.+oetker+1960. Amazon Bestseller-Rang: Nr. 2.055.613 in Bücher"; Stand 14.03.2015.
[4] Kintrup 2012: 34ff.

2 Definitionen

2.1 Text

Ich lege dieser Untersuchung die Definition von Text zugrunde, die „die Einheit „*Text*" als Folge von sprachlichen Zeichen charakterisiert", „Text als eine sprachliche und zugleich kommunikative Einheit" versteht und somit in kommunikativer Hinsicht „durch das Konzept der kommunikativen Funktion charakterisiert [ist], das am Begriff des illokutiven Akts der Sprechakttheorie (Austin, Searle, Wunderlich) orientiert ist" (Brinker 2001, 16). Somit ordne ich der Textfunktion eine essentielle Position zu.

2.2 Textsorten

Textsorten verstehe ich in diesem Zusammenhang als „konventionell geltende Muster für komplexe sprachliche Handlungen, [die] sich als jeweils typische Verbindungen von kontextuellen (situativen, kommunikativ-funktionalen und strukturellen (grammatischen und thematischen) Merkmalen beschreiben" (Brinker 2001:135) lassen. Mit dieser handlungstheoretischen Prägung lassen sich Kochrezepte der Textklassen Informationstext zuordnen, was aufgrund der Textfunktion geschieht, auf die ich noch eingehen werde.

Des Weiteren werde ich als Grundlage der Betrachtung die Prototypentheorie nach Eleanor Rosch (Rosch/Mervis 1975) heranziehen, wonach Kategorien untereinander nicht trennscharf abgegrenzt sind, sondern einzelne Merkmale untereinander gewichtet werden und somit auf Mitglieder einer Kategorie unterschiedlich stark zutreffen können. Die Variabilität der Merkmale führt dazu, dass die „besten" Vertreter als Prototypen, bzw. „Ideal" (Ungerer/Schmid 1996,39) eine Kategorie betrachtet werden können und die „schlechteren" Vertreter die Peripherie des Modells ausmachen.[5] Prototypische Vertreter zeichnen sich nicht nur durch die „Familienähnlichkeit" (Sandig 2006, 310) zu anderen Mitgliedern der Kategorie, sondern auch durch die möglichst geringen Überschneidungen mit Mitgliedern anderer Kategorien aus.

Die verschiedenen Textmuster sind den vielfältigen gesellschaftlichen Zwecken von Texten geschuldet. Unterschiedliche Handlungs- und Mitteilungsfunktionen werden durch konventionalisierte Muster realisiert, wobei in der Regel Anpassungen an die individuellen Gegebenheiten erfolgen.

---

[5] Ungerer/Schmid 1996

2.3 Kochbuch

Rezepte werden in Zeitschriften, online auf Blogs und auf Rezept-Websites veröffentlicht, sowie in diversen Print- und Online-Medien. Aus Gründen der Korpusbegrenzung beziehe ich nur Rezepte ein, die im Rahmen eines Kochbuches erschienen sind, wobei ich ein Kochbuch als „Buch, das eine Zusammenstellung von Rezepten und Anleitungen für die Zubereitung von Speisen verschiedener Art enthält" (Duden 1989: Kochbuch) verstehe. Bei Kochbüchern handelt es sich also um ein Kommunikationsmedium mit einem klar definierten Handlungsbereich. Da eine inhaltliche Differenzierung der Bereiche aufgrund der Forschungslage nicht fruchtbringend erscheint[6], begnüge ich mich mit einer Einordnung aufgrund der „Rollenverhältnisse zwischen den Kommunikationspartnern" (Brinker 2001: 140) und reihe Kochbücher als Medium der Massenkommunikation in den öffentlichen Bereich ein.

Häufig sind Kochbücher thematisch spezifiziert. Um eine Vergleichbarkeit zu erzielen und eine zu starke Spezialisierung zu vermeiden, verwende ich ein Kochbuch, welches ein breit gefächertes Einstiegswissen bereithält, ohne dass gesonderte Vorkenntnisse von Nöten sind, hierzu aus dem Vorwort:

> „Große Lust auf grüne Küche, aber in Sachen Kochen noch etwas grün hinter den Ohren? Gar kein Problem: Hier haben wir all die Rezepte zusammengestellt, die auch Küchenneulingen problemlos gelingen. Denn sie kommen mit einer überschaubaren Zutatenzahl aus und sind ohne Profi-Küchenausstattung zuzubereiten."[7]

2.4 Rezept

In dieser Arbeit verwende ich die Begriffe *Rezept* und *Kochrezept* synonym im Sinne einer schriftlichen „Anleitung zur Zubereitung eines Gerichts o. ä. mit Mengenangaben für die einzelnen Zutaten" (Duden 1989: Rezept). Hierbei beziehe ich alle zur Textgestaltung gehörenden Elemente mit ein, fokussiere aber auf die sprachlichen Teile der Textexemplare und verzichte auf eine Analyse der begleitenden Fotografien, da es den Rahmen der Arbeit sprengen würde eine detaillierte Bildanalyse durchzuführen.

---

[6] Brinker 2001: 140.
[7] Redies,A., Andreas, A. (Hrsg.) 2011: 6.

3 Analyse

3.1 Analyse der Textfunktion nach Brinker

Die mehrfache kommunikative Funktion von Kochrezepten wird von Klaus Brinker direkt benannt:

> „So haben Kochrezepte eine informative und eine appelative Funktion (Kochrezepte werden als Anleitung des Emittenten zur Herstellung von Gerichten verstanden); die appelative (genauer: instruktive) Funktion wird häufig direkt durch bestimmte sprachliche Strukturen (z.B. Formen des Imperativs, durch die sog. Höflichkeitsform, den Infinitiv usw.) indiziert." (Brinker 2001: 83).

Obwohl für einen Text mehr als eine kommunikative Funktion bestimmt werden kann, so dominiert doch eine, welche dann als *Textfunktion* bezeichnet wird.[8] Dieser Terminus bezeichnet hier die mit„ in der Kommunikationsgemeinschaft verbindlich festgelegten Mitteln ausgedrückte Kommunikationsabsicht des Emittenten" (Brinker 2001: 95).

Hierbei darf auch der Kontext nicht außer Acht gelassen werden. Die hier behandelten Rezepte stammen aus einem Kochbuch, der Rezipient erwartet also ein schriftlich niedergelegtes Rezept mit einem klaren Handlungsbereich.

Die Textfunktion wird durch bestimmte innertextliche und außertextliche (kontextuelle) Indikatoren angezeigt. Im Falle der vorliegenden appelativen Textfunktion ist hier vor allem die Infinitivkonstruktion hervorzuheben, die charakteristisch ist. Hierzu Beispiele aus dem Rezept *Der Lieblingsklassiker: Gemüseeintopf mit Kräuterflädle*[9]:

> „Für die Kräuterflädle 1 EL Butter *schmelzen*. Das Mehl in eine Schüssel *geben*. Milch, flüssige Butter und Ei *hinzugeben* und mit einem Schneebesen gründlich *verrühren*. Den Teig mit Salz *würzen*. Kräuter *waschen* und trocken *schütteln*, die Blättchen *hacken*. Die Hälfte davon unter den Flädleteig *rühren*, restliche Kräuter für den Eintopf *beiseitestellen*." (Redies,A., Andreas, A. (Hrsg.) 2011: 226.)

Durch das Auslassen des Artikels und die Koordination der infinitivistischen Fügungen wie im oben zitierten Textexemplar im zweiten Satz wird eine „einfache, knappe, ökonomische Sprachgestaltung" (Brinke 2001: 67) erreicht.

Da der Emittent eines Kochrezeptes den Rezipienten aber nicht unmittelbar zu einer Handlung auffordern will, sondern ihn über bestimmte Handlungsmöglichkeiten informieren möchte, spricht man hier von einer besonderen Variante der Appellfunktion, der *Instruktion*.[10] Hierfür ist ein Interesse des Rezipienten an der Erweiterung seiner Hand-

---

[8] Brinker 2001: 84.
[9] Redies,A., Andreas, A. (Hrsg.) 2011: 226.
[10] Brinker 2001: 114.

lungskompetenzen vonnöten, während bei einer reinen Aufforderung das Interesse des Emittenten an der Ausführung der Handlung vorwiegt.[11]

3.2 Analyse der Textstruktur nach Brinker

3.2.1 Textstruktur auf der grammatischen Ebene

Hier wird die grammatische Kohärenz untersucht, also die syntaktisch-semantischen Beziehungen zwischen aufeinanderfolgenden Sätzen. Insbesondere die explizite und die implizierte Wiederaufnahme spielen hierfür eine wichtige Rolle, worauf ich genauer eingehen werde.

Die explizite Wiederaufnahme meint sprachliche Ausdrücke in aufeinanderfolgenden Sätzen, die sich auf das gleiche außersprachliche Objekt beziehen, also referenziden-tisch sind. Referenzträger können hierbei sowohl Handlungen, als auch Personen und Gegenstände sein.[12] Die Wiederaufnahme kann auf verschiedene Arten erfolgen, so etwa durch die Repetition des Substantivs, durch mehrere synonym gebrauchte Substantive bzw. substantivisch gebrauchte Wortgruppen oder durch ein bestimmtes Personalpronomen.

Interessant ist insbesondere die Verwendung des bestimmten und des unbestimmten Artikels, die hier „den Signalwert [von] ‚bekannt' und ‚nicht bekannt'" (Brinker 2001:30) umschreiben. Die Bekanntheit kann hierbei textintern oder –extern begründet sein. Hierzu ein Textbeispiel, ebenfalls aus dem oben schon zitierten Rezept *Der Lieblingsklassiker: Gemüseeintopf mit Kräuterflädle:*[13]

```
Für die Kräuterflädle:
2-3 EL        Butter
75g           Mehl
ca. 125ml     Milch
1             Ei
              Salz
1 Bund        Frühlingskräuter

Für den Gemüseeintopf:
ca. 800g      Frühlingsgemüse
250g          vorwiegend festkochende Kartoffeln
1             Zwiebel
1-2           Knoblauchzehen
1 EL          Olivenöl
```

---

[11] Vgl. Brinker 2001: 114.
[12] Brinker 2001: 27.
[13] Redies,A., Andreas, A. (Hrsg.) 2011: 226.

1 Bund	Frühlingskräuter
	[…]

(1) *Das* Mehl in *eine* Schüssel geben.
(2) Milch, flüssige Butter und Ei hinzugeben und mit *einem* Schneebesen gründlich verrühren.
(3) *Den* Teig mit Salz würzen.
(4) In *einer* beschichteten Pfanne […].
(5) […] *Die* Kartoffeln schälen […].
(6) In *einem* großen Topf *das* Öl erhitzen und *die* Zwiebel und *den* Knoblauch darin kurz glasig dünsten."

Hier wird deutlich, dass textinterner Bekanntheit und Unbekanntheit alterniert wird. Der bestimmte Artikel wird ausschließlich dann verwandt, wenn es sich um eine zuvor schon benannte Zutat handelt (Beispiele 1, 5 und 6) oder aber um eine logische Folge des vorangegangenen Schrittes (Beispiel 3), worauf ich noch eingehen werde.

Der unbestimmte Artikel ist hier für zuvor nicht benannte Gegenstände vorbehalten (Beispiel 1, 2, 4 und 6). Diese außersprachlichen Objekte müssen aber auch nicht eingeführt werden, da sie bei dem Leser als bekannt vorausgesetzt wird. Es wird auf ein allgemeines Weltwissen referiert, beziehungsweise auf eine in diesem Kulturkreis als allgemein vorausgesetzte konventionelle Vorstellung. Hierbei kann die implizite Gedankenkette *Essenszubereitung – Küche – Schüssel, Schneebesen, Topf* als „kulturell begründetes Kontiguitätsverhältnis" (Harweg 1968: 192) verstanden werden.

Ein logisches (begriffliches) Kontiguitätsverhältnis lässt sich in folgendem Beispiel finden: „Milch, flüssige Butter und Ei hinzugeben und mit *einem* Schneebesen gründlich verrühren. *Den* Teig mit Salz würzen." (Redies, A., Andreas, A. (Hrsg.) 2011: 226.) Hier wird auf ein textexternes, kognitiv-logisches Weltwissen verwiesen, die die Verbindung der Zutaten *Milch, Butter und Ei* einen *Teig* ergibt, wenn man sie vermengt. Das Lexem *Teig* wird nach dieser Einführung noch 2 Mal explizit wiederaufgenommen, bevor es von *Pfannkuchen* abgelöst wird. Die Verknüpfung erfolgt durch die Benennung des Vorgangs: „eine kleine Suppenkelle Teig hineingeben und einen dünnen Pfannkuchen backen" (Redies, A., Andreas, A. (Hrsg.) 2011: 226.), wobei wieder ein logisches Kontiguitätsverhältnis aufgebaut wird.

Bei dieser Betrachtung lasse ich die Wiederaufnahme durch Substantive, die keine „besonderen, im Sprachsystem vorgegebenen Bedeutungsbeziehungen" (Brinker 2001:31) haben, aus, da dieses Phänomen in Kochrezepten in vernachlässigbar kleiner Zahl vorkommt. Vielmehr herrschen sprachimmanente Beziehungen zwischen Bezugsausdruck und wideraufnehmendem Ausdruck, eine Wiederholung des Lexems oder ein logisch oder kulturell begründeten Kontiguitätsverhältnis vor.[14]

3.2.2 Textstruktur auf der thematischen Ebene

Hier wird der kognitive Zusammenhang, also der Sachverhalt „hinter" den Sätzen, untersucht. Dazu werde ich speziell auf die deskriptive Themenentfaltung eingehen, die vorherrschend bei instruktiven Texten ist. Kochrezepten liegt zugrunde, dass sie regelhafte, also wiederholbare Handlungen beschreiben. Dies wird auch in der thematischen Entfaltung deutlich: „der Emittent gliedert den Teilvorgang (das Thema) in seine wesentlichen Teilvorgänge, die er in ihrem zeitlichen Nacheinander übersichtlich und knapp […] beschreibt" (Brinker 2001: 67).

Die chronologische Vorgehensweise kann dabei unmarkiert oder explizit gekennzeichnet sein. Ist sie impliziert, so erfolgt die Ordnung durch die Struktur des Textes an sich, durch die zwangsläufige Abfolge der Sätze. Dies ist für den Rezipienten natürlich, da er verschriftlichte sprachliche Gebilde nur aufeinanderfolgend und nicht gleichzeitig wahrnehmen kann. Sollen mehrere Schritte parallel zueinander vorgenommen werden, so wird das in Kochrezepten ausdrücklich angezeigt. Interessanterweise geschieht das im ausgewählten Korpus hauptsächlich durch das Adverb „inzwischen" (Kintrup 2012: 38, 50, 58; Redies, A., Andreas, A. (Hrsg.) 2011: 228, 230, 231) und nur gelegentlich mit „währenddessen" (Redies, A., Andreas, A. (Hrsg.) 2011: 234, 238) oder anderen Adverbien. Das Hintereinander der einzelnen Instruktionsanweisungen ist zuweilen mit „dann" (Kintrup 2012: 40, 48; Redies, A., Andreas, A. (Hrsg.) 2011: 237, 241), selten auch mit „zunächst […] und dann" (Kintrup 2012: 48) verstärkt. Auffallend ist auch die Dominanz von Handlungsverben im vorliegenden Text, die charakteristisch für instruktive Texte ist.[15] Alleine im ersten Absatz des Rezeptes *Gemüseeintopf mit Croûtons*, in dem es heißt „Die Kartoffel schälen und in mundgerechte Stücke schneiden. Die Zwiebel schälen und fein würfeln." (Kintrup 2012: 38), sind vier Handlungsverben vorhanden. Dieses Muster findet sich im gesamten Korpus wieder.

---

[14] Vgl. Harweg 1968, S. 192ff; Dressler 1973, S.38.
[15] Brinker 2001: 67.

3.3 Textmuster nach Sandig

„Im Textmuster verbindet sich die jeweilige Textfunktion mit spezifischen Ausprägungen von Textmerkmalen" (Sandig 2006: 487). Ein Textmuster wird hier als konventionelles Muster zur Lösung von Standardsituationen, die in einer Gesellschaft wiederkehrend auftreten, verstanden.[16] Hierbei ist zwischen dem Textexemplar als Textmusterrealisierung und als Einheit der Sprachhandlungskompetenz zu unterscheiden.

Im Folgenden möchte ich mich auf die Textsorte als standardisiertes komplexes Handlungsmittel konzentrieren, womit Handlungen nach einer bestimmten Vorgehensweise vollzogen und reproduziert werden können.

Die Beziehung zwischen Handlungstyp und Textsorte ist hierbei reziprok: der Handlungstyp gibt die Erwartungen an die Textsorte vor, während die Textsorte den Handlungstyp anzeigt, was natürlich ein entsprechendes Textmusterwissen voraussetzt.

Zur Erläuterung werde ich nun näher auf den Handlungstyp eingehen. Der Handlungstyp hat zunächst einen vorrangig sozialen Sinn, bei dem eine typische gesellschaftliche Problemsituation mit einem standardisierten Lösungsansatz bereinigt wird.

Ein weiterer Aspekt der Textmusterbeschreibung durch Sandig ist die Einteilung eines Textes in Sequenzen, in textmusterspezifische Sequenzmuster. Dies fällt insbesondere bei Kochrezepten ins Gewicht, die klassischerweise dreigeteilt aufgebaut sind: zunächst der Titel des Rezepts, beziehungsweise der Name des zu kochenden Gerichtes, dann eine tabellarische Auflistung der benötigten Zutaten und zuletzt eine detaillierte, chronologisch aufgebaute Handlungsanweisung. Optional kommt noch eine vierte Komponente, ein Foto des fertigen Gerichtes, hinzu.

Die Verwendung des Begriffes „Stilgestalt"[17] verdeutlicht in diesem Zusammenhang, dass der Aufbau des Gebrauchstextes hier ganzheitlich wahrgenommen wird. Im Folgenden möchte ich auf die Grade der Prototypikalität von Textmusterrealisierungen von Kochrezepten am Beispiel von Textexemplaren aus den Kochbüchern *Vegetarisch! Das goldene von GU. Rezepte zum Glänzen und Genießen.*, sowie unterstützend *Vegetarisch für Faule.*, beide aus dem Verlagshaus Gräfe und Unzer Verlag GmbH, eingehen.

Die Listen- bzw. Kettenbildung ist im Hinblick auf Rezepte von besonderer Bedeutung, da sie oft mehrfach in einem Textexemplar vorkommt. Die Nennung der benötigten Zutaten erfolgt üblicherweise tabellarisch und somit listenartig. Die einzelnen Schritte der Zubereitung sind „natürlich" geordnet, indem die Abfolge der Handlungen mit Sig-

---

[16] Vgl. Ehlich/Rehbein 1986: 132ff
[17] Vgl. Abraham 1996

nalwörtern wie *erst, zunächst, dann, schließlich* gekennzeichnet ist, oder aber sogar explizit durch Nummerierung in ihrer Kettenbildung gekennzeichnet (Sandig 2006: 195). Auf diese Formen der Kennzeichnung bin ich bereits im Rahmen der Analyse der Textstruktur auf der thematischen Ebene nach Brinker in Abschnitt 3.2.2 eingegangen. Ergänzend betrachte ich diesen Aspekt nun gemäß Sandigs *Textstilistik des Deutschen*.

Das textmusterspezifische Sequenzierungsmuster *Voraussetzung – Folge* ist auch in dem Nacheinander der beiden Textsequenzen *Zutaten* und *Vorgehensweise* an sich bestätigt.[18] Die verwendete Technik hat den Vorteil, dass zum Teil komplexe Handlungen in leicht verständliche und nachvollziehbare Schritte runtergebrochen werden, die für den intendierten Adressaten leichter zu kopieren sind.

Charakteristische Formulierungen, wie zum Beispiel „Man nehme…" in älteren Kochrezepten, werden mitunter als Teilaspekt von Textmustern betrachtet.[19] Dieses Charakteristikum taucht in neueren Publikationen nur vereinzelt und in dem hier untersuchten Korpus gar nicht in Erscheinung, weswegen ich nicht näher darauf eingehen werde. Auf eine ausführliche Untersuchung der Stilebenen der Lexik[20] verzichte ich hier ebenfalls und weise nur auf die neutrale Hauptebene mit Tendenz zur überneutralen hin.

3.4 Zusammenfassung der prototypischen Merkmale eines Kochrezeptes

Um als Rezept akzeptiert und erkannt zu werden muss ein Text eine zumindest eine Zutatenauflistung mit Mengenangaben, sowie eine Handlungsbeschreibung der Zubereitung beinhalten. Des Weiteren ist eine Titelangabe üblich und eine „einfache, knappe, ökonomische Sprachgestaltung" (Brinke 2001: 67) mit einer Dominanz von Handlungsverben vorherrschend. Verbreitet, aber nicht zwingend notwendig ist eine Farbfotografie des fertig zubereiteten Gerichtes beigefügt.

---

[18] Vgl. Enkvist 1981
[19] Vgl. Koller 2001, Dalmas 2001
[20] Vgl. Ludwig 1991.

4 Zusammenfassung

Das Ziel dieser Untersuchung war es die Charakteristika von Kochrezepten aufzuzeigen, die prototypischen Merkmale dieses Textmusters herauszuarbeiten und im Zuge dessen herauszufinden woran man ein Rezept auf Anhieb erkennt.

Einige sprachliche Besonderheiten, die auch Laien auffällt (wie zum Beispiel die klassische Formulierung „Man nehme…"), der formale Aufbau und die chronologische Abfolge der Schritte konnten im Zuge der Analyse bestätigt und theoretisch untermauert werde.

Insbesondere die Listen- und Kettenbildung nach Sandig unterstütze meine Vermutung, dass es sich bei Kochrezepten um starre, normative Textmuster handelt. Tatsächlich habe ich trotz intensiver Recherche kein einziges Rezept aus dem ausgewählten Kultur- und Zeitraum gefunden, bei dem die Abfolge der Schritte anders dargestellt wurde. Dieses textmusterspezifische Sequenzierungsmuster ist also ein prototypisches Merkmal, ebenso wie die Auflistung der Zutaten in tabellarischer Form.

Kohärenz und Kohäsion werden, wie gezeigt, textmusterspezifisch hergestellt, wobei diese Merkmale erst bei genauerer Betrachtung der Textexemplare deutlich werden. Der vielleicht wichtigste Aspekt sind die beiden Kontiguitätsverhältnisse, das logische und das kulturell bedingte, die ein weiteres prototypisches Merkmal eines Musters „sprachlicher Kommunikation verstanden werden, die innerhalb einer Sprachgemeinschaft im Laufe der historisch-gesellschaftlichen Entwicklung aufgrund kommunikativer Bedürfnisse entstanden sind" (Brinker 2001: 129).

Abschließen lässt sich sagen, dass es sich bei der Textsorte Kochrezept tatsächlich um eine stark normierte handelt, die „bis in die sprachliche Gestaltung hinein als weitgehend vorgeprägt" (Brinker 2001: 135) erscheint,

Literaturverzeichnis

Abraham, Ulf (1996): StilGestalten. Geschichte und Systematik der rede vo Stil in der Deutschdidaktik. Tübingen: Niemeyer.

Brinker, Klaus (2001): Linguistische Textanalyse: eine Einführung in Grundbegriffe und Methoden. Berlin: Erich Schmidt.

Dalmas, Martine (2001): Der Weisheit letzter Schluss… Zur Funktion des Schlusswortes in rezensionen, in: E.-M. Jakobs, A. Rothkegel (Hrsg.): Perspektiven auf Stil. Tübingen: Niemeyer: 305-319.

Dressler, Wolfgang (1973): Einführung in die Textlinguistik. 2. Aufl. Tübingen

Drosdowski, Günther (Hrsg.) (1989): Duden Deutsches Universalwörterbuch. Mannheim, Wien, Zürich: Dudenverlag.

Ehlich, Konrad/ Rehbein, Jochen (1986): Muster und Institution. Untersuchungen zur schulischen Kommunikation. Tübingen: Narr.

Enkvist, Nils Erik (1981): Experiential iconism in text strategy, in: Text 1: 97-111.

Harweg, Roland (1968): Pronomina und Textkonstitution. München.

Koller, Rolf (2001): Dank und Danksagung - eine Annäherung, E.-M. Jakobs, A. Rothkegel (Hrsg.): Perspektiven auf Stil. Tübingen: Niemeyer: 267-304.

Ludwig, Klaus-Dieter (1991): Markierungen im allgemeinen einsprachigen Wörterbuch des Deutschen. Ein Beitrag zur Metalexikologie. Tübingen, Niemeyer.

Rosch, Eleanor/ Mervis, Carolyn B. (1975): Family Resemblances: Studies in the Internal Structure of Categories, in: Cognitive Psychology 7: 573-605.

Sandig, Barbara (2006): Textstilistik des Deutschen. Berlin: Walter de Gruyter GmbH & Co. KG.

Ungerer, Friedrich/ Schmid, Hans-Jörg (1996): An Introduction to Cognitive Linguistics. London, New York: Longman.

Quellen:

Redies, Alessandra/Andreas , Adriane (Hrsg.) (2011): Vegetarisch! Das goldenen von GU. München: Gräfe und Unzer Verlag GmbH.

Kintrup, Martin (2012): Vegetarisch für Faule. München: Gräfe und Unzer Verlag GmbH.

A

Lightning Source UK Ltd.
Milton Keynes UK
UKRC011951200820
368581UK00012B/76

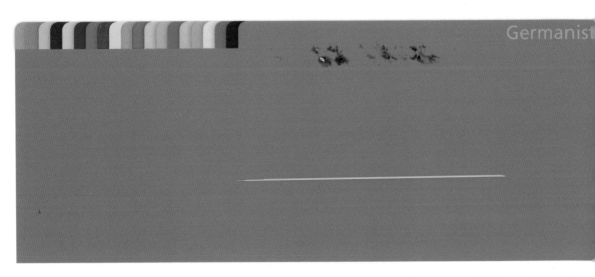

Im Rahmen des Textlinguistik-Seminars kam immer wieder die Frage auf, ob es sich bei bestimmten Textexemplaren überhaupt um Texte handelt und wenn ja, dann welchen Textmustern oder -sorten sich diese zuordnen lassen würden. (...)

Lisa Gutman, geboren 1989 in Berlin, studierte Germanistik uns Skandinavistik in Greifswald und Göteborg, bevor sie sich im Masterstudium an der Freien Universität Berlin auf Neuere deutsche Literatur spezialisierte. Heute lebt und arbeitet sie im Südwesten Berlins.

www.grin.co

Dokument Nr. V345590
http://www.grin.com
ISBN 9783668355316

9 783668 35531

THE NEW ANTIQUARIANS:

50 years of archaeological innovation in Wessex

Edited by Rowan Whimster